Il Libro dei Fatti Casuali dello Spazio

Sneaky Press

Contenuti

Primi eventi nello Spazio

Il primo razzo raggiunse lo spazio nel 1942.

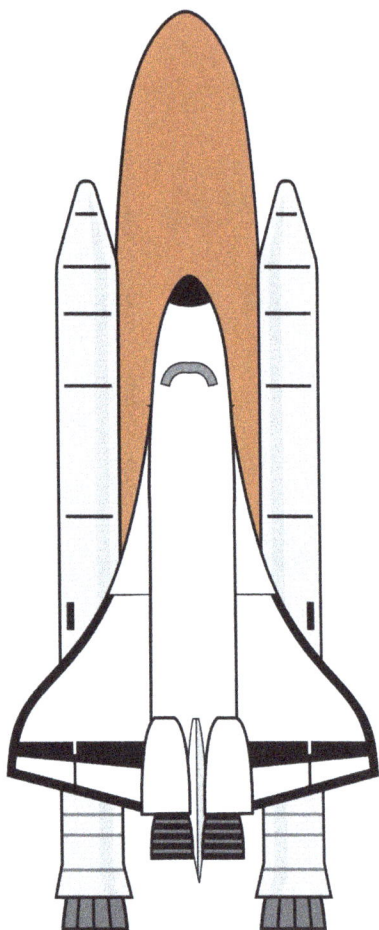

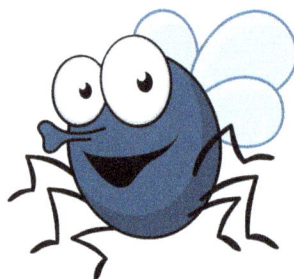

Nel 1947, furono inviate mosche della frutta nello spazio.

Il primo mammifero inviato nello spazio fu una scimmia chiamata Albert II nel 1949.

Nel 1957, un cane di nome Laika orbitò attorno alla Terra.

Luna 1, un veicolo spaziale russo senza equipaggio, si schiantò sulla Luna nel 1959.

Il cosmonauta russo Yuri Gagarin fu il primo essere umano ad andare nellospazio il 12 aprile 1961 a bordo della Vostok 1. Rimase lì per 108 minuti e orbitò attorno alla Terra una volta.

Il 20 febbraio 1962, l'astronauta americano John Glenn orbitò attorno alla Terra 3 volte a bordo della Friendship 7. Rimase nello spazio per quattro ore e 55 minuti.

La prima donna nello spazio fu la cosmonauta russa Valentina Vladimirovna Tereshkova il 16 giugno 1963. Rimase nello spazio per 70 ore e orbitò attorno alla Terra 48 volte.

Gli astronauti dell'Apollo 8, Frank Borman, Jim Lovell e Bill Anders, diventarono i primi esseri umani a orbitare attorno alla Luna il 24 dicembre 1968.

Il 18 marzo 1965, il cosmonauta russo Alexei Leonov fu il primo uomo a camminare nello spazio.

Gli astronauti Neil Armstrong, Buzz Aldrin Jr. e Michael Collins furono i primi esseri umani ad atterraresulla Luna il 20 luglio 1969. Armstrong e Aldrin furono i primi a camminare sulla Luna.

Dimensioni nello Spazio

Mercurio
Diametro
4879 km

Plutone
Diametro
2374 km

La nostra luna
Diametro
3474 km

Marte
Diametro
6771 km

Venere
Diametro
12 104 km

Nettuno
Diametro
49 244 km

Tierra
Diametro
12 742 km

Urano
Diametro
50 724 km

Saturno
Diametro
116 464 km

Giove
Diametro
139 822 km

Diametro
del Sol
1.391016 million km

Il Sole rappresenta il
99,86% della massa del
sistema solare.

Fatti casuali su Mercurio

Mercurio è chiamato così in onore del dio romano dei mercanti e dei viaggiatori.

Peseresti il 62% in meno su Mercurio rispetto alla Terra.

Mercurio non ha lune o anelli.

Un giorno su Mercurio equivale a 176 giorni terrestri.

Il Mariner 10 fu la prima sonda spaziale a visitare Mercurio nel 1974.

Mercurio è il secondo pianeta più caldo.

Non si sa chi ha scoperto Mercurio.

Un anno su Mercurio dura 88 giorni terrestri.

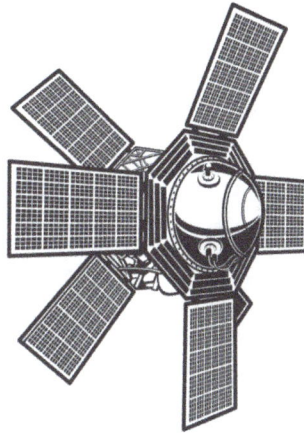

Fatti casuali su Venere

Venere è chiamata così in onore della dea romana dell'amore.

Un giorno su Venere equivale a 117 giorni terrestri.

Un anno su Venere dura 225 giorni terrestri.

La temperatura superficiale su Venere può raggiungere i 471 °C, rendendolo il pianeta più caldo del nostro sistema solare.

Venere non ha lune.

Venere è il secondo oggetto più luminoso nel cielo notturno.

Venere ruota nella direzione opposta alla maggior parte degli altri pianeti.

Fatti casuali su Marte

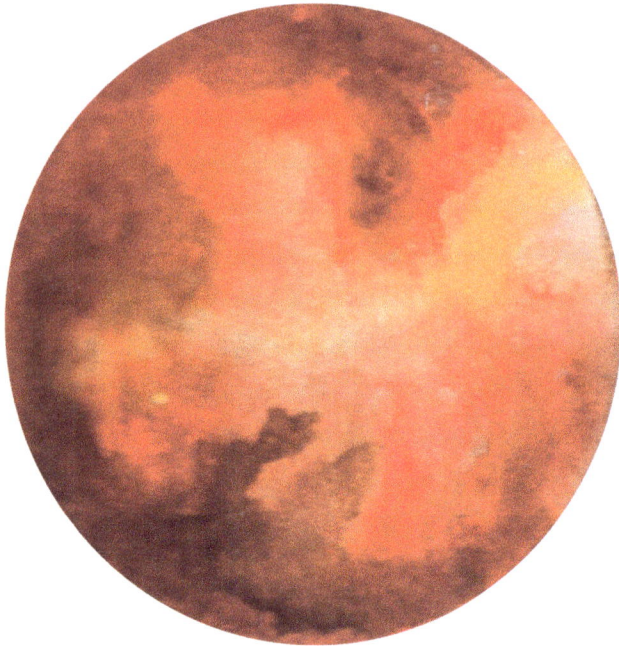

Marte è chiamato
così in onore del dio
romano della guerra.

Marte ha due
lune, Phobos e
Deimos.

Solo 18 missioni su 40
verso Marte sono state
un successo.

Ci sono segni di acqua liquida su Marte.

Il tramonto su Marte è blu.

Marte ha le tempeste di polvere più grandi del nostro sistema solare. Possono durare mesi e coprire l'intero pianeta.

Marte ospita l'Olympus Mons, la montagna più alta del sistema solare.

Fatti casuali su Giove

Giove è chiamato così in onore del re romano di tutti gli dei, ed è anche il dio della luce.

Otto veicoli spaziali hanno visitato Giove.

Giove è il quarto oggetto più luminoso del nostro sistema solare.

La Grande Macchia Rossa di Giove è una tempesta che infuria da almeno 350 anni. È così grande che potrebbero starci tre Terre al suo interno.

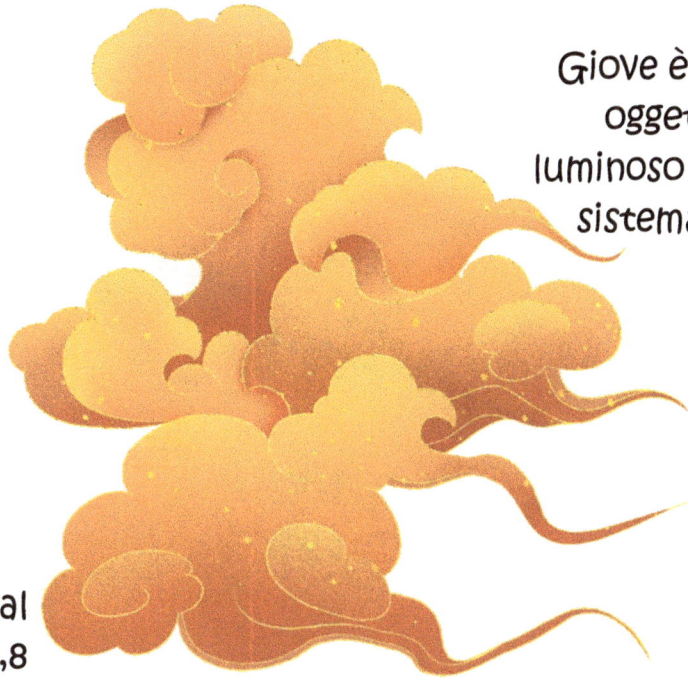

Giove è il quarto oggetto più luminoso del nostro sistema solare.

Giove orbita attorno al Sole una volta ogni 11,8 anni terrestri.

Le nuvole di Giove sono composte principalmente di cristalli di ammoniaca e zolfo.

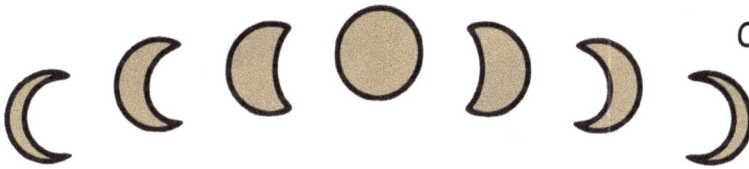

Giove ha 79 lune conosciute, inclusa la luna più grande del nostro sistema solare, Ganimede.

Giove emette più energia di quella che riceve dal Sole.

Fatti casuali su Saturno

Saturno è chiamato così in onore del dio romano dell'agricoltura.

Saturno può essere visto a occhio nudo nel cielo notturno.

Saturno orbita attorno al Sole una volta ogni 29,4 anni terrestri.

Quattro veicoli spaziali hanno visitato Saturno.

Saturno è il pianeta più schiacciato.

Saturno ha gli anelli più estesi del sistema solare, formati principalmente da frammenti di ghiaccio e polvere. Gli anelli si estendono per oltre 120.700 km dal pianeta.

Saturno è composto principalmente di idrogeno.

Saturno ha 150 lune e lune più piccole.

Se guidassi una macchina su uno degli anelli di Saturno, alla velocità di 100 km/h, ti ci vorrebbero più di 14 settimane per fare un giro completo.

Fatti casuali su Urano

Urano è chiamato così in onore del dio romano del cielo.

Urano ha 27 lune.

Un giorno su Urano equivale a 17 ore e 14 minuti terrestri.

Urano compie un giro attorno al Sole ogni 84 anni terrestri.

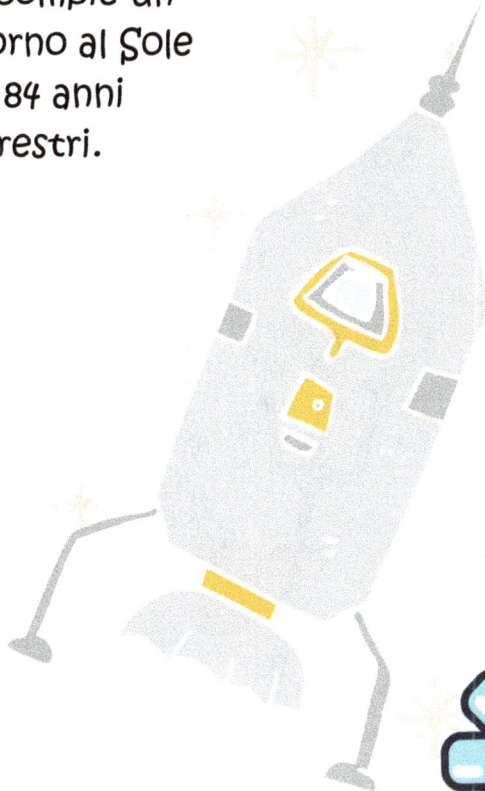

Solo una sonda, la Voyager 2, ha sorvolato Urano nel 1986.

Urano ha due gruppi di anelli molto sottili e scuri.

Urano è il pianeta più freddo, con temperature atmosferiche minime registrate di -224 gradi Celsius.

Fatti casuali su Nettuno

Nettuno è chiamato così in onore del dio romano del mare.

Nettuno ha 14 lune.

L'atmosfera di Nettuno è composta principalmente di idrogeno ed elio, con un po' di metano.

Nettuno ruota sul suo asse molto velocemente.

Solo una sonda, la Voyager 2, ha sorvolato Nettuno nel 1989.

Nettuno ha un gruppo molto sottile di anelli.

Su Nettuno ci sono venti ad altissima velocità che soffiano attorno al pianeta fino a 600 metri al secondo.

Fatti casuali su Plutone

Plutone è chiamato così in onore del dio romano dell'oltretomba.

Plutone è stato riclassificato da pianeta a pianeta nano nel 2006.

Plutone è più piccolo della Luna della Terra.

Plutone ha cinque lune conosciute.

Plutone ha un'orbita ellittica e a volte è più vicino al Sole di Nettuno.

Plutone non è l'unico pianeta nano nel nostro sistema. Ci sono altri quattro pianeti nani: Cerere, Haumea, Makemake ed Eris.

Plutone è composto per un terzo di acqua.

L'unica sonda spaziale a sorvolare Plutone è stata New Horizons nel 2015.

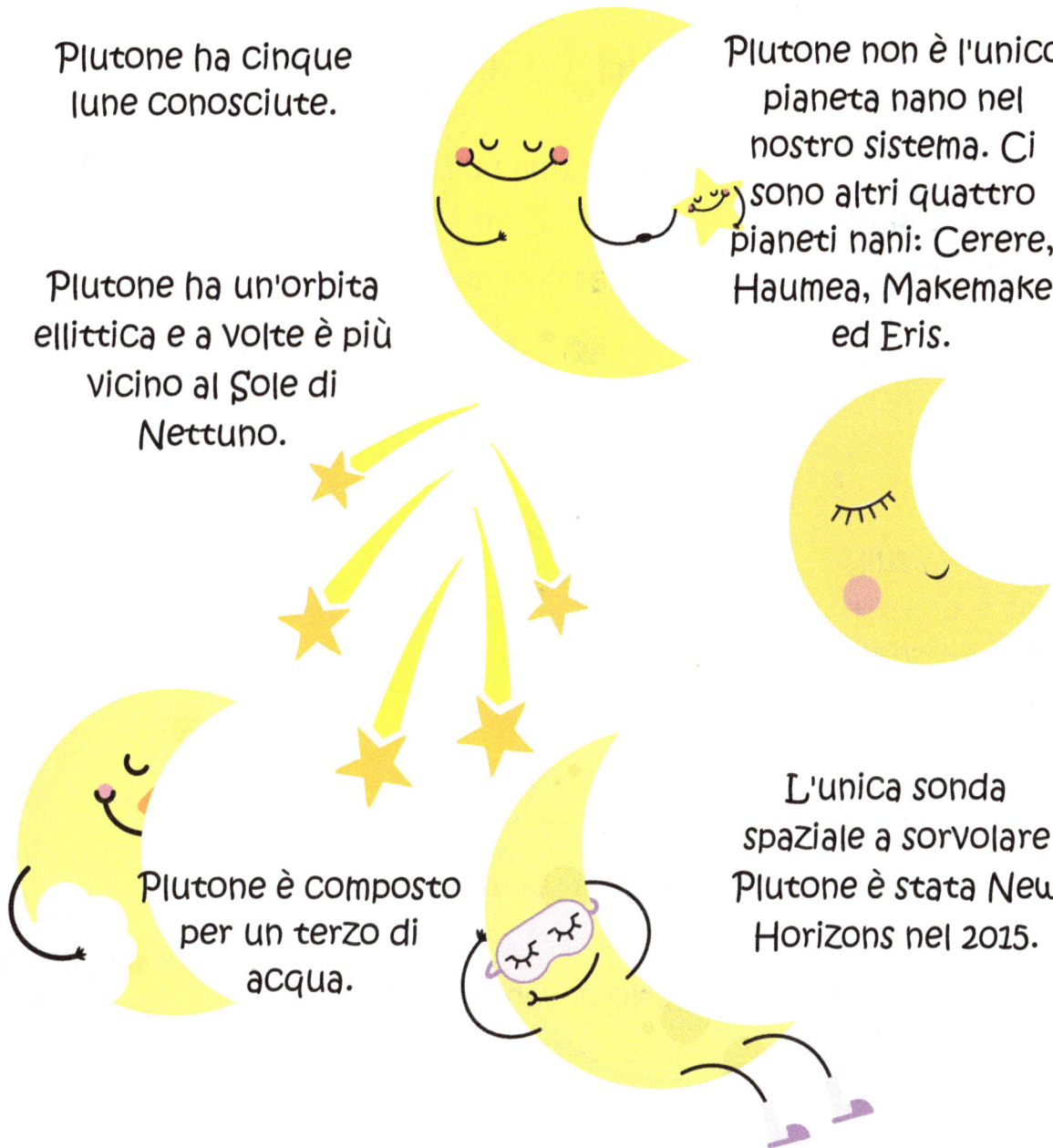

Fatti casuali sulla Luna

La Luna è l'unico satellite naturale che orbita attorno alla Terra.

La Luna non ha alcuna atmosfera.

La Luna è in orbita sincrona intorno alla Terra. Ciò significa che vediamo sempre lo stesso lato della Luna.

La gravità sulla Luna è dell'83% inferiore rispetto alla Terra. Questo significa che se ci fosse una piscina sulla Luna, i nuotatori potrebbero saltare fuori dall'acqua come i delfini, lanciandosi a oltre un metro di altezza.

C'è almeno un'eclissi solare ogni 18 mesi. Un'eclissi solare avviene quando la Luna passa proprio davanti al Sole e proietta la sua ombra sulla Terra.

La Luna non ha un lato oscuro. Il lato che non vediamo mai è illuminato dal Sole tanto spesso quanto il lato che vediamo.

Una Luna Blu non è veramente blu. È il nome della seconda Luna piena che avviene in un mese, di solito una volta ogni 2-3 anni.

A causa della mancanza di atmosfera, le impronte di piedi sulla Luna rimarranno lì per 100 milioni di anni.

Ci sono almeno due eclissi lunari ogni anno. Possono essercene fino a quattro. Un'eclissi lunare avviene quando la Luna passa nell'ombra della Terra, bloccando la luce solare che normalmente arriva sulla Luna. Durante un'eclissi lunare, vediamo comunque la Luna, ma ha una debole tinta rossastra.

La Luna è distante 384.402 km dalla Terra.

Fatti casuali sulle galassie

La Via Lattea contiene tra 100 e 400 miliardi di stelle.

La nostra galassia, la Via Lattea, ha circa 13,6 miliardi di anni.

La Galassia di Andromeda è il nostro vicino, la galassia più vicina alla nostra.

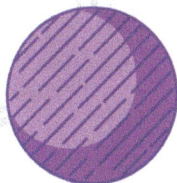

Ci sono 4 tipi principali di galassie: Ellittiche, Normali a spirale, a spirale barrata e Irregolari. La nostra galassia, la Via Lattea, è una galassia a spirale barrata.

Si pensa che ci siano oltre 500 miliardi di galassie nell'universo!

Fatti casuali su asteroidi e comete

Gli asteroidi possono avere diverse dimensioni. Possono essere piccoli come pochi metri o larghi centinaia di chilometri.

Si pensa che ci siano oltre un milione di asteroidi nello spazio al momento.

Le comete sono come palle di neve nello spazio. Sono fatte di acqua e gas congelati, roccia e polvere.

Gli asteroidi sono separati da almeno diversi chilometri, quindi evitarli quando si vola nello spazio non è difficile.

La fascia di Kuiper è una regione a forma di disco di comete, asteroidi e pianeti nani. Si pensa che ci siano migliaia di corpi più grandi di 100 km e trilioni di comete in essa.

La cometa di Halley è la cometa più antica documentata, con la prima osservazione registrata nell'antica Cina nel 240 a.C. Orbita attorno al Sole ogni 75 anni.

La coda di una cometa, che può essere lunga milioni di chilometri, appare quando si avvicina abbastanza al Sole e inizia a sciogliersi.

Il nucleo di una cometa di solito è più piccolo di 10 km, ma quando si avvicinano al Sole, i gas congelati evaporano e il nucleo può espandersi fino a oltre 80.000 km.

Fatti casuali sulla stazione spaziale

Di solito ci sono sette persone che vivono e lavorano sulla Stazione Spaziale Internazionale.

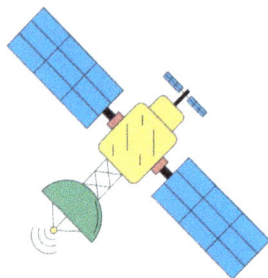

La Stazione Spaziale Internazionale è gestita da cinque agenzie spaziali e 15 paesi.

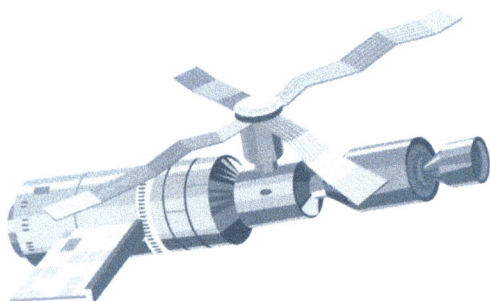

La Stazione Spaziale Internazionale è in funzione ininterrottamente dal novembre 2000.

Otto navicelle spaziali possono essere collegate alla stazione spaziale se necessario.

In 24 ore, la stazione spaziale orbita intorno alla Terra 16 volte.

La stazione spaziale è lunga 109 metri.

Per alcune navicelle spaziali, ci vogliono solo quattro ore per raggiungere la stazione spaziale dalla Terra.

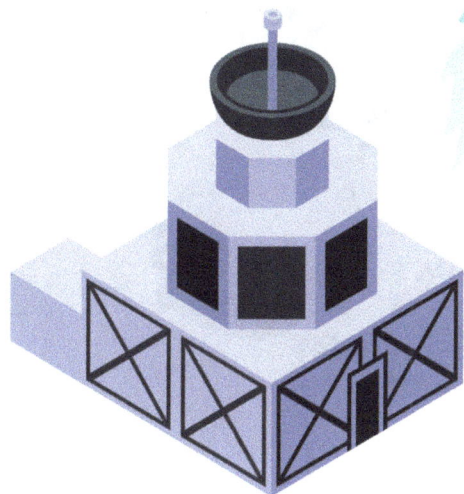

Ci sono circa 350.000 sensori che monitorano l'equipaggio sulla stazione spaziale per assicurarsi che tutti siano sani e al sicuro.

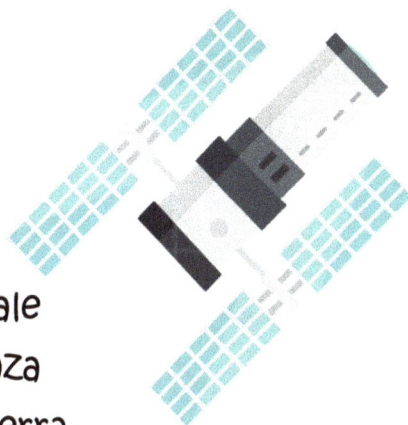

La stazione spaziale percorre la distanza equivalente dalla Terra alla Luna e ritorno ogni giorno.

Ci sono quattro diverse navicelle cargo che consegnano rifornimenti alla stazione spaziale: la Cygnus di Northrop Grumman, il Dragon di SpaceX, l'HTV di JAXA e la Progress russa.

Tutti gli astronauti sulla stazione spaziale devono esercitarsi per almeno due ore al giorno per evitare la perdita di muscoli e ossa.

Fatti casuali sullo spazio

Ogni lancio dello Space Shuttle costa 450 milioni di dollari.

Per liberarsi dalla gravità terrestre, un'astronave deve viaggiare a una velocità di circa 24.000 chilometri all'ora.

A causa della mancanza di gravità, se piangi nello spazio, le tue lacrime non cadranno.

Le normali penne non funzionano nello spazio a causa della mancanza di gravità.

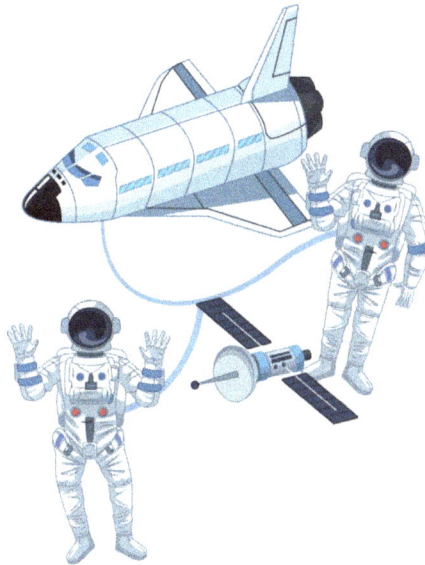

Il Sole compie un giro attorno alla galassia ogni 200 milioni di anni.

Uno shuttle spaziale ha bisogno di 1,9 milioni di litri di carburante per lanciarsi nello spazio. Questo è abbastanza carburante per riempire 42.000 auto!

A causa della mancanza di atmosfera, lo spazio è completamente silenzioso. Le onde sonore non hanno un mezzo per propagarsi nell'aria. Gli astronauti utilizzano radio per comunicare poiché le onde radio non hanno bisogno di atmosfera per viaggiare.

Altri fatti casuali sullo spazio

A causa della mancanza di gravità, le persone sono alte 5 cm in più nello spazio.

Il primo cibo mangiato nello spazio era la composta di mele.

Non puoi fare il ruttino nello spazio perché la mancanza di gravità non permette all'aria nello stomaco di salire dal cibo che è stato mangiato.

Il primo satellite artificiale nello spazio è stato lo Sputnik. È stato lanciato nell'ottobre 1957.

La prima bibita consumata nello spazio era la Coca-cola.

Le stelle sembrano brillare perché la luce è disturbata mentre attraversa l'atmosfera terrestre.

Le origini della parola "astronauta" si traducono in "navigatore delle stelle".

Altri titoli della serie
"Fatti Casuali"

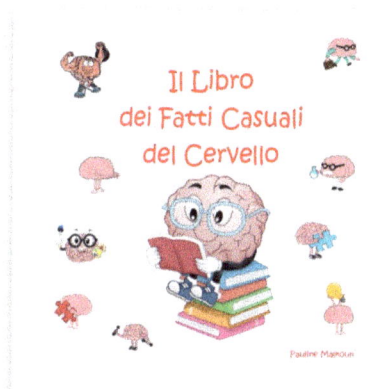

Il Libro
dei Fatti
Casuali sulle Automobili

Mark Maroun   Pauline Maroun

Il Libro
dei Casuali
Fatti sugli Aerei

Pauline Maroun

Il Libro
dei Fatti Casuali
del Cervello

Pauline Maroun

Il Libro
dei Fatti
Casuali sul Sonno

Pauline Maroun

Il Libro
dei Fatti
Casuali sulla Lingua

Pauline Maroun